ro
ro
ro

ro
ro
ro

Jane und Mimi Noland

Der kleine Stresstherapeut

Mit Zeichnungen von Mimi Noland

Aus dem Amerikanischen von
Katharina von Savigny

Rowohlt Taschenbuch Verlag

Veröffentlicht im Rowohlt Taschenbuch Verlag,
Reinbek bei Hamburg, Februar 2007

Die amerikanische Originalausgabe erschien 2003
unter dem Titel «Bear With It: How Bears Bear Stress»

Umschlaggestaltung any.way, Cathrin Günther
unter Verwendung des Originalumschlags
von Sanssouci im Carl Hanser Verlag
(Unschlagillustration: Mimi Noland)
Satz ITC Eras PostScript (InDesign)
bei Pinkuin Satz und Datentechnik, Berlin
Druck und Bindung Clausen & Bosse, Leck
Printed in Germany
ISBN 978 3 499 24429 2

Für Jane Jordan Browne, die viele Jahre lang Cheerleader für so viele Autoren war. Sie hat dafür gesorgt, dass die Bären hinter unserem Haus sich zu einer weitgereisten Spezies entwickelten, die ihren Weg in viele Länder gefunden hat.

Für Katharina von Savigny, unsere Lektorin und Übersetzerin, deren Humor und sensible Sprachkenntnis geholfen haben, die Bären ihrem deutschen Publikum nahezubringen.

Und für alle überzeugten Bärenbeobachter und Wissenschaftler, die den Bären geduldig und umsichtig durch ihre Reviere und sogar bis in ihre Winterquartiere folgen, um herauszufinden, wie sie wirklich leben.

Personal

Die Goodbears teilen einen Wald am Ufer des Lake Superior mit anderen Tieren und den dort lebenden Menschen.
Wie schon in **Bärenweisheiten** und **Kopf hoch!** sind die Schwarzbären auch in diesem Buch Vorbilder, von denen sich die Menschen etwas abgucken können. Denn zum Thema Stress haben die gefragten Tiere ebenfalls einiges zu sagen.

Serena ist routinierte Bärenmutter und eine geborene Naturalistin, die nicht nur an ihre Jungen jede Menge Wald-und-Wiesen-Weisheiten weitergeben kann.
Sie hat acht davon, jedes mit seinem eigenen Päckchen Stress:
Björn, der Älteste, lebt in einem ungeschützten Revier, in dem er ständig Jägern aus dem Weg gehen muss.
Die Zwillinge – **Kuma** reagiert auf Bienenstiche und Stachelschweinborsten allergisch, und **Ursula** ist ziemlich angreifbar, weil sie jeden Sommer auf dem gleichen Quittenbaum zu finden ist.
Die Regenbogen-Drillinge (alle mit einer anderen Fellfärbung) **Flora**, **Fauna** und **Fedora** sind zwar inzwischen erwachsen und in alle Himmelsrichtungen zerstreut, aber die Paparazzi sind immer noch hinter ihnen her, weil sie wissen wollen, ob ihre Jungen nun auch verschiedenfarbig werden.

Dubu und Serendipity (kurz **Dipity**), ihre Jüngsten, haben so viel auf dem Kerbholz, dass einer Schwarzbärin graue Haare wachsen.

Und die folgenden Goodbears haben ebenfalls ihren Waldweg gekreuzt:
Dunbar, der meist abwesende Vater von Dubu und Dipity (so ist das mit Bärenvätern)
Dave, ein Schwarzenegger von einem Bär und Frühjahrsflirt von Serena
Oso, der verlorene Sohn von Tante Arktika (Serenas Schwester), den man nach einigen ungeschickten Diebstählen nach Michigan verfrachtet hat
Savoir Bär, Serenas Urgroßonkel und ihr Mentor in Sachen Fitness, langes Leben und Stressresistenz – sein Motto ist «Allzeit bäreit»

Stress m. «Hektik, Anstrengung». Im 20. Jh. entlehnt aus gleichbedeutend ne. **stress**, zu e. **stress** «unter Druck setzen, zwingen», wohl von l. **strictus** «streng, straff, eng», dem PPP von l. **stringere** «straff anziehen, zusammenziehen».

Stresstherapie f. Praktische Anwendung einer Vielzahl von Bärenweisheiten, die einen lehrt, wie man Stress vermeidet (wenn man kann) und ihn bekämpft (wenn man muss).

Stress und Stresstherapie

Warum man von den Goodbears gut beraten ist

Theorie

Man könnte ja meinen, Bären hätten keine Ahnung von Stress: Die kennen das gar nicht, so wie sie leben, von der Tatze in den Mund, in den weiten Wäldern des Nordens. Keine Zeitpläne, die sie einhalten müssen (falsch). Keine elterlichen Ängste und Plagen (falsch). Keine Beziehungsprobleme (falsch). Keine natürlichen Feinde (wieder falsch – was ist mit den nervigen Menschen?).

Serena Goodbear ist täglich Stress ausgesetzt. Manchmal genügt es schon, für Essen auf dem Tisch sorgen zu müssen und den bösen Wolf draußen zu halten. Außerdem macht sie sich ständig Sorgen, sei es wegen irgendwelcher Eindringlinge, sei es wegen ihrer Jüngsten, die sich auf der Straße rumtreiben. Und sie reibt sich zwischen Beruf und ihrer Aufgabe als Mutter auf: Wie viele Menschenfrauen ist sie für den Unterhalt, den Haushalt und die Kinder zuständig.

Und neben dem Stress zu Hause brechen auch von außen immer wieder Katastrophen über sie herein – wie der Wirbelsturm im Oktober, der ihnen kurz vor dem Winterschlaf das Dach über dem Kopf weggepustet hat, oder der Blitz, der ihren liebsten Schlafbaum gespalten hat (glücklicherweise war sie da gerade unterwegs, um ihre beiden Jüngsten in Sicherheit zu bringen – schon allein die Vorstellung hatte ihr den Pelz aufgestellt).

Und dann wäre da natürlich der Urahn unter den Stressfaktoren: die Zivilisation, die auch den Bären mit Lärm, unbekannten Krankheiten, Reizüberflutung und immer weniger natürlichen Ressourcen das Leben schwermacht.
Das Einzige, wovon sie sich selten aus der Ruhe bringen lässt, sind Männer. Sie hat sich daran gewöhnt, dass sie sich regelmäßig an sie ranmachen und mit der gleichen Regelmäßigkeit ziemlich schnell wieder davonmachen.

Begründung

Stresstherapie, wie sie von den Goodbears seit Generationen praktiziert wird:

- fördert das allgemeine Wohlbefinden
- entspannt Körper und Seele
- konzentriert sich auf das, was man braucht, und nicht auf das, was man will
- vermeidet Frustkäufe und Trostfuttern (so kann man das Gewicht auf andere Dinge legen)
- verringert Frustrationen bei der Arbeit

Stresstherapie verringert die Reizbarkeit (und rettet damit jede Menge Beziehungen).

- hebt die Laune
- macht Schwermütigen das Leben leichter (auch Bären kennen Anflüge von Melancholie, in denen sie stundenlang ihren Baum nicht verlassen)
- bringt Gedanken, die sich ständig im Kreis drehen, wieder auf die Spur
- vermeidet stressbedingten Haarausfall
- hilft bei Magen-Darm-Beschwerden
- senkt den Blutdruck (Bären im Winterschlaf haben da sehr viel Übung)
- vermindert die Reizbarkeit (und rettet damit jede Menge Beziehungen)
- belebt und
- macht froh

Qualifikation

Serena und ihre bärige Verwandtschaft können die Menschen einiges über Stressbewältigung und Therapiemöglichkeiten lehren. Schließlich gibt es die Spezies in Nordamerika seit etwa 250 000 Jahren. Da hatten die Menschen das Wort Stress noch gar nicht erfunden.
Und trotz aller Herausforderungen, denen sie sich stellen muss, ist Serena (meistens) so gelassen, wie ihr Name vermuten lässt. Sie verliert nur sehr selten die Fassung, auch wenn sie manchmal – wo es sinnvoll ist – so tut. Und sie geht die Stressfaktoren in ihrem Leben Schritt für Schritt an, mit dem ihr eigenen gemächlichen Schritt.
Und damit sind wir auch schon bei den wichtigsten Rezepten der Stresstherapie:

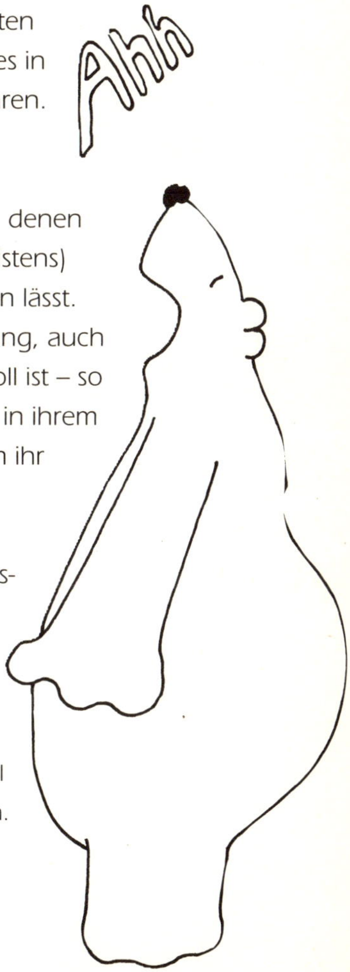

Man darf auch mal
die Fassung verlieren.

- **Versuchen Sie nie, alles auf einmal zu bewältigen.**
- **Man darf auch mal die Fassung verlieren (solange man niemanden ernstlich damit erschreckt).**

Nebenwirkungen und Kontraindikationen

Eine Langzeitstudie unter den Goodbears hat ergeben, dass bei regelmäßiger Anwendung ausschließlich positive Nebenwirkungen zu erwarten sind: Sie werden Ihre Umwelt erträglicher finden – und Ihre Umwelt Sie.

Drei Grundregeln bei der Anwendung sollte jeder beachten:

1. Machen Sie sich den feinen Unterschied klar zwischen Stress mitteilen (fair) und Stress austeilen (unfair).

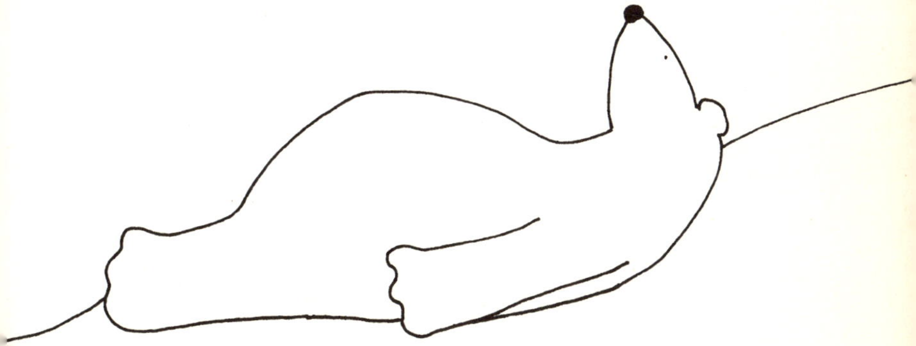

Zu viel Entspannung kann lähmend wirken.

2. Und umgekehrt: Helfen Sie, wo Sie können (gut), aber laden Sie sich nicht den Stress der anderen auf (ungut).
3. Probleme sollte man täglich angehen (aber auch nicht mehr als eins am Tag) – gehäuft kriegt man sie nicht mehr in den Griff.

Manche Anwendungen wirken nicht für jeden gleich gut: Tanzen (wie es Dipity gern tut) kann schlecht für die Knie sein. Aromatherapie kann Allergien auslösen. Und zu viel Entspannung kann lähmend wirken (man fühlt sich dann als Mensch wie Serena nach einem langen Winterschlaf). Finden Sie heraus, was gut für Sie ist.

Stress vermeiden

Weniger ist mehr: Üben Sie Neinsagen

Die Goodbears tanzen nur nach ihrer eigenen Nase. Sie haben die Kunst des Neinsagens perfektioniert – inklusive Körpersprache und kleinster stimmlicher Nuancierungen, von pianissimo bis fortissimo. Ein winziges Kopfschütteln genügt oft schon, um einen Gefallen auszuschlagen.
Manchmal hört man von Serena auch nur ein paar raue, sanfte «Hhahem», wenn sie den Annäherungen eines Verehrers Widerstand leistet. Es ist eine Art, nein zu sagen, die «Jetzt nicht. Ich hab Kopfschmerzen» heißen kann, aber den Kerl nicht für immer in die Wüste schickt. Der wahre Gentleman schweigt in diesem Fall und übt sich in Geduld.
Wenn sich dagegen jemand (Bär oder Mensch) in einem mageren Jahr an ihre Brombeerhecken ranmacht, fällt ihr Nein wesentlich dezidierter aus. Dann richtet sie sich auf und starrt den Eindringling mit angelegten Ohren und hochgezogenen Lefzen an. Oder sie haut kräftig mit der Tatze auf den Boden. Zur Not kommt sie demjenigen sogar gefährlich nahe. Allerdings zieht sie sich meist zurück, bevor's ernst wird. Man muss es ja nicht übertreiben mit dem Neinsagen – das könnte stressig werden.

- **Der Weg zum Stress ist mit Jas gepflastert.**
- **Der Weg zum Ziel ist ein Nein. Und das kann man üben.**

Versuchen Sie nicht, perfekt zu sein

Dipity erinnerte sich noch an einen kulinarischen Kurztrip mit Serena, bei dem sie köstliche sonnengereifte, dicke Himbeeren gegessen hatten. Als die Beerensaison ihren Höhepunkt erreichte, trottete sie also voller Vorfreude los – und sah sich einer Art riesigen Heuschrecke gegenüber, die mit ohrenbetäubendem Lärm ihren dünnen Arm herumschwang, um Kies in den Straßengraben zu kippen. Sie verbreiterte die Straße und pflügte dabei Dipitys Lieblingshecke unter. Indigniert machte Dipity kehrt – sie hatte sich so auf einen besonderen Leckerbissen gefreut. Ein paar Minuten später hatte sie einen Haselstrauch gefunden, der für sie ebenfalls eine Delikatesse war. Kaum hatte sie einen der biegsamen Zweige in die Tatzen bekommen, schnellte er wieder in die Höhe. Schließlich ergatterte sie eine perfekte Nuss, die allerdings die viele Mühe kaum wert war: Sie musste erst mal die Schale loswerden und dann die eigentliche Nuss auf ihrer Tatze deponieren, bevor sie sie mit einem Haps verfuttert hatte. Alles in allem ein ziemlich fruchtloses Unterfangen. Sie hatte ihre Lektion gelernt: Für Perfektionisten ist Stress vorprogrammiert.

Die Dinge sind nicht immer so, wie man sie gern hätte.

Sorgen Sie für Ausgewogenheit in Ihrem Leben

Wenn man hinter Bärenmüttern her ist (wie zum Beispiel manche Bärenforscher), dann kann man sie bei einer ausgewogenen Vielfalt von Tätigkeiten beobachten. Serena verbringt ihre Sommertage mit Futtersuche, Sich-Putzen, Spielen und regelmäßigen Ruhepausen.

Wenn sie in ihrem über fünf Quadratkilometer großen Revier unterwegs ist, hält sie sich gleichzeitig körperlich fit: Futtersuche ist mit ausgedehnten Spaziergängen und ausgiebigem Buddeln verbunden. Körperpflege nehmen Bären ebenfalls sehr genau, ob sie nun Kletten aus ihrem Fell entfernen oder ein kurzes Bad im Fluss nehmen. Und beim Spielen mit ihren Jüngsten vergisst Serena manchmal völlig die Welt um sich herum. Für solche Pausen, oder für ein kleines Nickerchen im Schatten, ist sie immer zu haben.

Arbeiten,
aber auch mal
loslassen.

Wenn man Bären beobachtet, wie sie von Strauch zu Strauch trödeln, könnte man sie für ein bisschen nachlässig halten – sind sie aber nicht. Genauso wenig, wie sie faul sind. Sie wissen einfach nur, wann man sich völlig auf eine Aufgabe konzentrieren sollte und wann man die Sache entspannt angehen kann. Ständig arbeiten, ohne Auszeiten, die man sich für Spaß und Ruhepausen nimmt, stresst jeden (ob bäriger oder menschlicher Natur).

- **Arbeiten, aber auch mal loslassen.**
- **Finden Sie das richtige Gleichgewicht.**

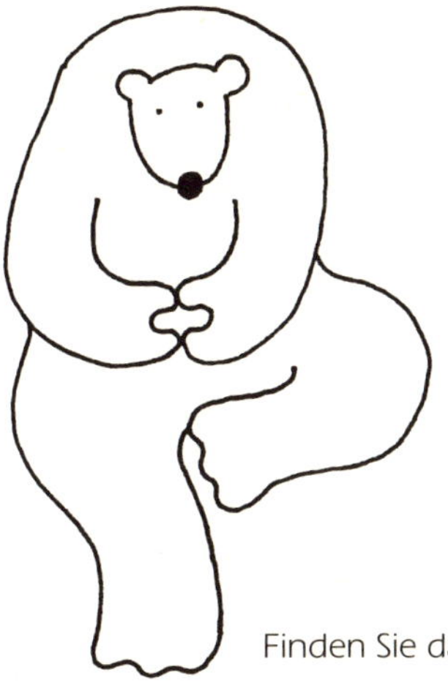

Finden Sie das richtige Gleichgewicht.

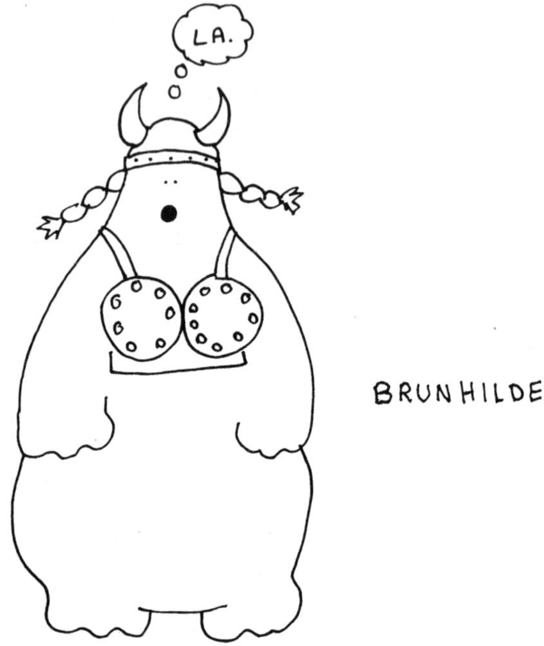

Bleiben Sie immer Sie selbst.

Alles andere kann schnell albern wirken.

Bleiben Sie immer Sie selbst

Für Bären kann es manchmal einfach zu viel werden, immer etwas darstellen zu müssen. Sie bemühen sich zwar, sich an einen allgemein gültigen Bärenkodex zu halten, aber jeder einzelne Bär ist nun mal genauso individuell wie ein einzelner Mensch.
Man würde zum Beispiel Dave, dem Schwarzenegger unter den Bären, nicht unbedingt nachts auf einem Waldweg begegnen wollen. Genauso wenig, wie man seine Angelrute absichtlich in Dunbars Fischgründe werfen würde. Manche Bärinnen sind echte Powerfrauen, manche richtige Xanthippen. Serena wiederum, obwohl sie einen starken Willen hat, ist eigentlich eher sanftmütig. Und manchmal findet sie es einfach anstrengend, ihre diversen Rollen aufrechterhalten zu müssen: die taffe Mutter, die ihre Jungen mit Zähnen und Klauen verteidigt; die eiskalte Grundbesitzerin; die Lady mit dem dicken Fell.

Wer ständig eine Rolle spielt, setzt sich Stress aus.

Tragen Sie die Dinge nicht zu lange mit sich herum

In ihrem ersten Sommer gerieten Dubu und Dipity einmal heftig aneinander. Der Stein des Anstoßes war kein Stein, sondern ein kurzer Birkenstamm, der an beiden Enden Ameisen beherbergte. Dipity rollte ihn in die eine Richtung, während Dubu ihn auf die andere Seite kippte – mit dem Ergebnis, dass keiner an seine Ameisen kam. Und beide wutentbrannt und sehr lautstark (was bei Bären selten genug vorkommt) aufeinander losgingen.
Serena rührte keine Tatze, sondern buddelte seelenruhig weiter nach den Wurzeln der wilden Calla, die im nahegelegenen Sumpf wuchsen. Sie musste sich nicht als Schiedsrichter aufspielen. Sobald ihre beiden Jüngsten älter würden und sich ernstlich verletzen könnten, würden sich die Zankereien sowieso legen – und bis dahin sollten sie sich ihren flaumigen Pelz ruhig zerrupfen.
Und sie hatte natürlich recht: Der Streit war so schnell zu Ende, wie er aufgeflammt war. Bald jagten und balgten sie sich, als hätte es ihn gar nicht gegeben. Schließlich kuschelten sich die beiden, erschöpft von der Anstrengung, unter einem Ahorn zusammen.

Gehen Sie Konfrontationen nicht aus dem Weg.

Gehen Sie Konfrontationen nicht aus dem Weg.

Aber gehen Sie danach Ihrer Wege.

Sie sollten sich Ihrer Schwächen bewusst sein

Dubu war einfach nicht unterzukriegen. Serena wunderte sich oft, dass er so tollpatschig war wie sonst keines ihrer Jungen, sagte aber nichts. Sie konzentrierte sich einfach verstärkt auf sein Training – scheuchte ihn beim geringsten Anlass die Bäume hinauf, und sei es nur wegen eines Windstoßes oder eines Moorhuhns, das beim Balztanz aufgeregt mit den Flügeln schlug.

An einem geruhsamen Nachmittag machte Dubu gerade sein Nickerchen auf dem Ast einer norwegischen Kiefer, ungefähr fünf Meter über der Erde, als er den Halt verlor und mit einem erstaunlich dumpfen Schlag rücklings auf dem Boden landete. Serena war überzeugt, dass er sich sämtliche Knochen gebrochen hatte.

Stattdessen gab Dubu ein recht unbärenhaftes Winseln von sich, das Ähnlichkeit mit dem Quieken einer Badeente hatte – und hastete denselben Baum wieder hinauf, auf der Flucht vor seinem eigenen Schrecken.

Wer hoch hinauswill, muss auch fallen können.

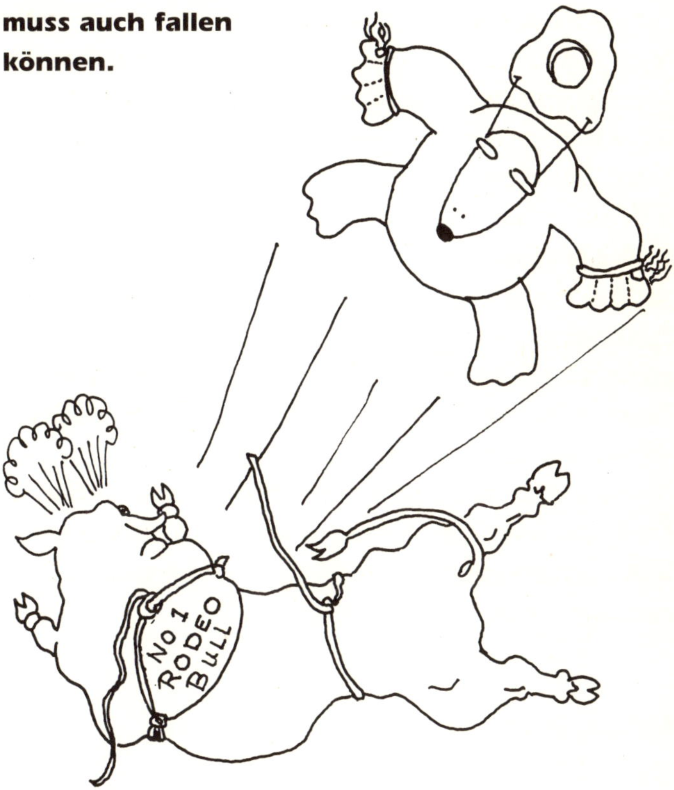

Verlassen Sie sich nicht nur auf die Technik

Dipity war in der ihr üblichen naseweisen Art einem Wanderer gefolgt, der sich offenbar verlaufen hatte. Eigentlich wäre er ihr völlig egal gewesen, aber sie hatte ihn an einem Müsliriegel knabbern sehen und vermutete, dass er noch mehr Leckereien in seinen Taschen verbarg.
Er schien die Orientierung verloren zu haben und lief im Zickzack durch den Wald, sodass Dipity ihre ganze Konzentration aufbringen musste, um sich unentdeckt von Baum zu Baum zu schleichen. Sogar ein Bärenjunges konnte aus dem Gebrummel des Menschen die Frustrationsstufe 3 heraushören. Er blickte ständig auf ein kleines schwarzes Ding in seiner Hand und schüttelte den Kopf, während er dieses unangenehme Geräusch von sich gab. Dipity konnte ja nicht wissen, dass sein GPS gerade abgestürzt war.
Sie gab schließlich die Hoffnung auf weitere Leckereien auf und trottete zurück zu Serena. Dipity hatte keine Schwierigkeiten, den Weg nach Hause zu finden. Sie hatte keine Ahnung, ob der Wanderer jemals seinen fand.

Ohne natürliche Instinkte ist man manchmal ziemlich verloren.

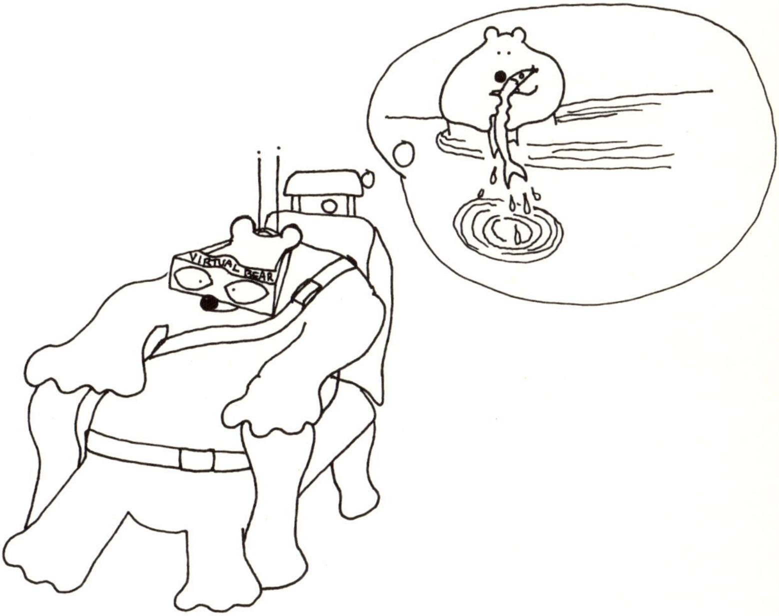

Man sollte immer die Realität
im Auge behalten.

Laden Sie sich nicht den Stress anderer auf

Nachdem sie so viele Monate der Erziehung ihrer Jungen gewidmet hatte, wusste Serena, dass es Zeit war, sie ins Halbwüchsigenleben zu entlassen. (Obwohl sich Bären sehr lange um ihre Jungen kümmern, schicken sie sie immerhin schon in einem Alter aus der Höhle, in dem Menschenmütter sich noch um die ersten Pickel ihrer Schützlinge sorgen.)

Sie hoffte, dass die beiden bereit waren. Dipity betrachtete sich, wie so viele Halbwüchsige, als unsterblich. Sie war gänzlich unbekümmert. Serena konnte sie dabei erwischen, wie sie ungeniert auf dem Highway 61 entlangspazierte – hinter ihr eine Schlange von rücksichtsvollen Autofahrern, die den armen Bären nicht erschrecken wollten. Und Dubu war zu treuherzig, um rechtzeitig die richtigen Entscheidungen zu treffen – zum Beispiel, wann man sich vielleicht besser verstecken sollte. Er saß dem gefährlichen Trugschluss auf, dass alle Lebewesen ihn lieben müssten, weil seine Mutter ihn doch auch liebte. Serena würde ihn mit sanfter Gewalt aus dem Nest schubsen müssen.

Sie lebte in der Gegenwart – und konnte sich unmöglich um ihren gesamten Nachwuchs kümmern. Für Dubu und Dipity war es jetzt an der Zeit, aus ihren eigenen Fehlern zu lernen. Wenn Serena sich ständig Sorgen um ihre Sprösslinge in den

unterschiedlichen Stadien des Erwachsenwerdens machte, würde sie ihren Stress um ein Achtfaches erhöhen. Ganz zu schweigen von der Grübelei über den Verbleib der diversen Männer in ihrem Leben: Dunbar und Dave zum Beispiel, oder ihren Neffen Oso, den Einbrecher. Nein, sie konnte nicht die Stresskippe für alle sein, die ihr lieb und teuer waren.
Sie schüttelte ihren Kopf, um sich von solchen Gedanken zu befreien, und konzentrierte sich auf ihr eigenes Leben.

Sich kümmern ist gut ... solange man auch los-lassen kann.

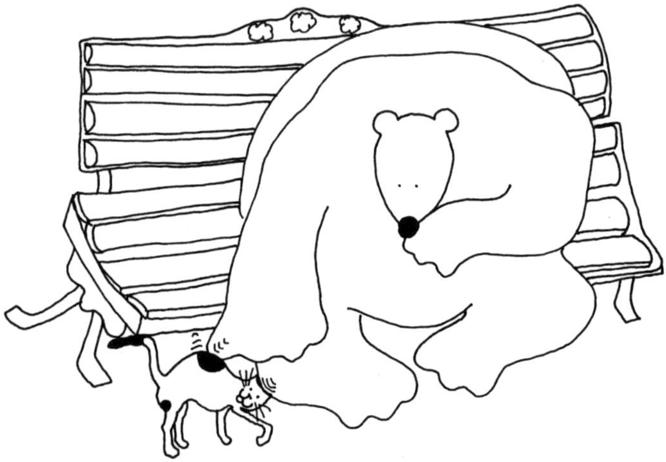

Sich kümmern ist gut …

… solange man auch loslassen kann.

Machen Sie sich Ihren natürlichen Lebensrhythmus bewusst

Serena könnte es nie passieren, dass sie im September noch mit einem Bären anbandelt oder den Sommer in einer Höhle verschläft. (Genauso wenig würde sie drei Nächte lang wach bleiben, um einen Bericht zu schreiben, und dann mit rotunterlaufenen Augen ins Flugzeug nach Los Angeles steigen, um ihn dort zu präsentieren.)

In ihrem Zeitplaner gibt es eine Zeit zum Schlafen, eine Zeit zum Wachen, eine Zeit zum Ernten und eine Zeit, die Ernte einzufahren (in ihren Magen), eine Zeit, sich zu paaren, und eine Zeit der Ruhe, damit sie Monate später unter einer dicken Schneedecke ihre Jungen gebären kann. Man könnte denken, sie hätte irgendwo an einem Baum einen Bauernkalender hängen, weil sie sich so genau an den Jahreszeiten orientiert. Wie andere Tiere, die ihre Handlungsimpulse dem Rhythmus der Natur entnehmen, stellt sie diese Muster nie in Frage. Sie kennt nur die Geschichte von diesem mageren Bären, der mitten im eisigen Winter aufwachte und sich dann gezwungen sah, an die Fenster der örtlichen Cafés zu klopfen und um einen Bissen zu betteln. Vermutlich hatte er ein schlimmes Ende genommen.

Wer den Rhythmus der Natur ignoriert, muss auf böse Überraschungen gefasst sein.

Sorgen Sie für genügend Schlaf

Wo Menschen mit Schlafstörungen noch versuchen, als unausgeschlafene Zombies ihren Alltag zu bewältigen, sind Bären schon längst groggy an ihren Schlafplatz verschwunden. Die ganze Nacht (sprich: den ganzen Winter) aufbleiben, steht gar nicht zur Diskussion. Serena sorgt in den ersten kühlen Oktobertagen für die Überwinterungshöhle und polstert sie gut mit Piniennadeln aus.
Ein Winter entpuppte sich allerdings als besonders stressig: Im Januar wurden sie und die Zwillinge von Menschen mit Sägen und Hämmern geweckt. Serena steckte ihre Schnauze durch den Vorhang von schneebedeckten Wurzeln vor ihrer Höhle und schnupperte: frischer Holzgeruch – und außerdem konnte sie mehr Himmel sehen als in ihrer Erinnerung. Auch im Halbschlaf wusste sie, dass sie warten musste, bis die Holzfäller mit der Dämmerung verschwanden, bevor sie ihre kleine Prozession zum nächsten Unterschlupf führte.
Sie fanden ihn unter einem Fels am Flussufer.
Und dann kam im Februar die Schneeschmelze früher als üblich, und sie mussten noch einmal umziehen. Diesmal fiel Serenas Wahl nicht besonders intelligent aus, und die Familie musste den Rest des Winters praktisch ohne Dach über dem Kopf im Unterholz unter einem Haufen Gestrüpp verbringen.

Schlafentzug kann einen um den Verstand bringen.

Sorgen Sie für genügend Schlaf – zur richtigen Zeit, am richtigen Ort.

Halten Sie Körper und Geist fit

Serena benötigt Kraft und Geschicklichkeit, um auf der Flucht rasch auf einen Baum klettern zu können und ihren schweren Körper dann auf einem Ast im Gleichgewicht zu halten. Und sie muss zäh sein. Denn manchmal muss sie sehr lange laufen, bis ihre Nase sie zu einem Kornfeld führt – und dann sehr schnell, wenn der Bauer mit hochrotem Kopf hinter ihr her ist. Sie braucht also auch ein gutes Reaktionsvermögen, ob wegen der erbosten Bauern oder wegen der leicht trotteligen Ornithologen, die ihr mit ihren Ferngläsern immer wieder viel zu dicht auf den Pelz rücken.
Alles in allem muss sie gut in Form sein – wobei «gut in Form» bei Bären nicht ganz dem menschlichen Fitnessideal entspricht: Serena fühlt sich dann richtig wohl, wenn sie einer Birne ähnelt, mit einer deutlichen Gewichtsverlagerung in die unteren Körperregionen. Das gibt ihr die richtige Balance, wenn sie mit ihren Jungen spielt oder lange Zeit bei einem Wurzelknollen-Lunch auf dem Waldboden sitzt.
Ein schlaffer Körper oder benebelter Geist sind keine idealen Voraussetzungen, um mit stressigen Situationen umzugehen, das hat ihr schon der alte Savoir Bär beigebracht. Hier seine Tipps aus erster Tatze:

- möglichst abwechslungsreich essen (von wilden Erdbeeren bis zu Heuschrecken)
- mehrere kleine Mahlzeiten pro Tag sind gesünder als ein oder zwei reichhaltige
- für genügend Ballaststoffe und Früchte sorgen
- die Proteine nicht vernachlässigen (etwa alle sieben Jahre fallen die sogenannten Prozessionsraupen über die Wälder im Norden her: Was für die Menschen eine kleine Katastrophe ist – Nebenstraßen verwandeln sich in langsam fließende Raupenströme, die Tiere bilden kleine Haufen an den Häuserwänden, behindern Jogger und fressen die Laubbäume kahl –, ist für Bären ein ernährungstechnisches Wunder, weil sie sich ihre Proteine nicht mühsam in Miniportionen zusammensuchen müssen, sondern einfach die Bäume abgrasen)
- ganz wichtig: Fische, Nüsse und grünes Blattgemüse (junge Birkenblätter oder wilder Rhabarber) enthalten das Anti-Stress-Vitamin B
- es geht immer wieder aufwärts: Das sollte man nutzen und alle Steigungen rauf- und runterlaufen
- den Oberkörper trainieren: Baumstämme umarmen, große Steine wälzen, Mücken erschlagen oder mal kräftig mit der Tatze auf den Boden hauen

- und laufen, laufen, laufen, zur Not im Kreis – Hauptsache, die Beine bleiben in Bewegung
- fürs Reaktionsvermögen erdachte Szenarios durchspielen: ein Traktor auf dem Waldweg, ein Elch im Unterholz oder ein Stachelschwein im Angriff (Letzteres dürfte in etwa dem Gehirnjogging beim sonntäglichen Kreuzworträtsel der **New York Times** entsprechen)

Körperliche Bewegung
setzt enorme Ressourcen
frei.

- ganz allgemein gilt: für die richtige Balance im Leben sorgen, sei es auf dem Diätplan oder im Alltag

Savoir Bärs wichtigste Maxime gilt auch hier: Wenn man Stress nicht vermeiden kann, sollte man körperlich und geistig bäreit sein, ihn zu meistern.

Die richtige Balance
will gelernt sein.
Üben Sie.

Stress abbauen

Hydrotherapie entspannt und belebt

An einem warmen Augustmorgen, als Dipity ihrer Mutter mal wieder die Vorauswahl der Futterplätze – also das Einkaufen – überließ und stattdessen herumstreunte, entdeckte sie einen von Schilf umgebenen Teich, der in der Sonne glitzerte.
Die Goodbears von heute sind zwar nicht mehr so gut in Form wie früher, als sie noch die Beringstraße durchquerten, aber sie fühlen sich in Flüssen und Tümpeln immer noch wohl. (Ein entfernter Verwandter von Dipity wurde sogar einmal gesichtet, als er im Swimmingpool eines reichen Kaliforniers seine Runden drehte.)
Dipity watete also in den Teich hinein und ließ sich an der tiefsten Stelle ins Wasser sinken, wobei sich ein Heiligenschein aus Mücken um sie verteilte. Sie erkannte zu ihrem großen Vergnügen, dass sie sich auf ihr Hinterteil setzen und mit den Vordertatzen im Kreis herumpaddeln konnte – fast wie auf einem Karussell. Eine Weile später kam Dubu nach. Serena, die ihre eigene Mückengefolgschaft hinter sich herzog, ließ sich ebenfalls ins Wasser plumpsen, um ihre zerstochene Schnauze zu kühlen. Der Teich hatte sich in wenigen Minuten in ein Schlammbad verwandelt (für das manche Menschen viel Geld zahlen), in dem die Jungen ihren Spaß hatten und Serena ihre müden Glieder kühlen konnte – Körperpflege inklusive.

Öfter mal abtauchen!

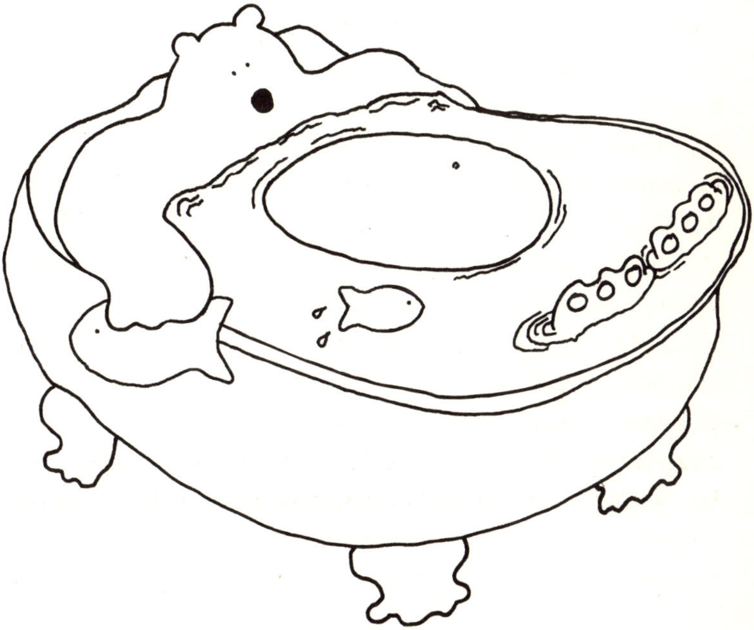

Entspannung mit Heublumen

Serena mag ein wenig kleine Augen haben, aber sie sieht ziemlich gut. Und einen Fotoapparat kann sie auf 200 Meter Entfernung klicken hören. Aber sie entdeckt die Welt hauptsächlich durch ihre Nase.
Manche Dinge, die Bären erschnüffeln, würden die olfaktorischen Systeme des Menschen als Beleidigung empfinden. Andere, wie wilde Minze oder den Duft einer Brombeerhecke an einem heißen Sommernachmittag, kann jeder gut riechen. Für Bären sind Gerüche Botschaften: Serena zeigt ihren Jungen, welche Pflanzen ungiftig sind, indem sie sie zum Beispiel anhaucht, nachdem sie süßen Klee gegessen hat. (Was Menschen denken würden, wenn sie so über die positiven Nebenwirkungen von Knoblauch aufgeklärt würden, sei dahingestellt.)
Der Flieder im Park erinnert Serena an aufregende Frühlingsabende, regennasse Kiefernnadeln lassen sie an glückliche Sommertage denken. Und der Duft von frischgebackenem Kuchen hat Tante Arktikas Kinder schon bis in menschliche Behausungen vordringen lassen, obwohl sie es eigentlich besser wussten. (Tante Arktika hat allerdings nach ihrer Standpauke den Apfelkuchen auch nicht verschmäht.)

Versuchen Sie's mit Aromatherapie: wirkt umwerfend.

Versuchen Sie's mit Farblichttherapie

Eines Tages im Spätherbst, als sie sich gerade bettfertig machte (sprich: ihre Höhle für den Winterschlaf auspolsterte), hörte Serena laute Explosionen zwischen den Felsen und Bäumen widerhallen – für ihr Habitat in einem Naturschutzgebiet eher ungewöhnlich. Durch Wurzelgeflecht hindurch konnte sie einen Menschen mit einem roten Helm erkennen, dem ein anderer Mensch mit rotem Helm folgte. Der zweite machte laute, zornige Geräusche und deutete mit heftigen Armbewegungen auf ein Schild in ihrer Nähe. Kurz darauf hörte der Lärm auf. Sie war froh, dass sie nicht auch noch die gelben und orangenen Maschinen gesehen hatte, die manchmal mit ohrenbetäubendem Lärm über einen Waldweg ratterten.

Wissenschaftler glauben, dass Bären Farben sehen können. Serena jedenfalls sind grelle Farben unheimlich. Sie weiß, was ihr die klare, heitere Ruhe bedeutet, die von all dem Grün um sie herum ausgeht. Es ist lebenswichtig – und sie kann nicht verstehen, weshalb die Menschen das immer noch nicht begriffen haben.

Entspannen Sie sich im Grünen.

Sauerstoffbar inklusive Farblichttherapie:
ein Geschenk der Natur.

Musik kann Wunder wirken

Eines Morgens, nachdem eine Gruppe von Kanufahrern die Zelte abgebrochen hatte und davongepaddelt war, hörte Serena eine Art Blechtrommel vom Ufer des Sees. Da sie wusste, dass Heranwachsende (ihre eingeschlossen) Ärger bedeuten, ging sie nachsehen. Dubu, der Rumtreiber, leckte seelenruhig eine Metallpfanne leer, die dabei rhythmisch auf einen Stein schlug. Womit er ein Geräusch produzierte, das, auf menschliche Bereiche übertragen, in etwa den Perkussionspartien in Tschaikowskys Ouvertüre «1812» entsprach.
Wenn Bären so viel Lärm machten wie Menschen, wären sie einer hohen Belastung ausgesetzt, weil sie ein viel feineres Gehör haben. Aber dieses feine Gehör bewirkt auch, dass die meisten Bären ein gutes Gespür für Klänge haben, die für Entspannung sorgen. Sie wissen, dass die Melodien der Natur – der Gesang der Vögel, der gleichmäßige Rhythmus der Wellen oder das Rauschen des Windes in den Ästen einer Kiefer – sehr beruhigend wirken können. Serena, die ursinifizierte Vorsicht, schleicht sich manchmal sogar nah genug an die Menschen heran, um im Schatten eines Baumes ihrer Musik zu lauschen.
Wenn sie bei Menschen erwiesenermaßen den Blutdruck senken und Heilungen beschleunigen kann, warum sollte eine gestresste Bärenmutter sich nicht dabei entspannen?

Musik wirkt entspannend – aber die Geschmäcker sind verschieden.

Musik wirkt entspannend …

… aber die Geschmäcker sind verschieden.

Tanzen Sie, wenn Ihnen danach ist

Dipity, die Sportskanone, ist auch Dipity, die Discoqueen: Immer wieder dreht sie sich aus lauter Freude um sich selbst (immer mal wieder auch wegen eines Bienenstichs). So ein Impromptu-Tänzchen kann in einem jungen Bärenleben voll überschüssiger Energie wie ein Ventil wirken und dadurch Stress abbauen.

Die Menschheit glaubt ja schon lange, Bären sei das Tanzen von Natur aus gegeben. Schließlich sind «Tanzbären» auch fast 2000 Jahre lang auf zwei Beinen den anderen Zweibeinern zum Vergnügen über Jahrmärkte getrieben worden.

In Nordamerika meinen manche der Ureinwohner, den Bären würden bei ihren Tänzen besondere Kräfte zuteil, während sie die Vordertatzen zur Sonne erheben. Andere sagen, sie hätten Bären mit Eichen tanzen sehen. Serena bekräftigt diese Legenden mit ihren instinktiven Tanzschritten an «Bärenbäumen»: Sie hinterlässt absichtlich ganz bestimmte Spurenmuster, die sie mit einem Flamenco-artigen Schritt erzeugt. Immer wenn sie so eine Nachrichtenstation für Bären passiert, scheinen die dort hinterlassenen Neuigkeiten auch Tanzschritte in ihr anzuregen.

Und Dipity ist im wahrsten Sinne des Wortes in ihre Fußstapfen getreten.

Beim Tanzen kann man Stress abbauen.

Tanzen Sie – aber nur nach Ihrer eigenen Pfeife.

Verwöhnen Sie sich – zur rechten Zeit, am rechten Ort

Man kann es unbärenhaft nennen, aber auch ein Bär muss sehen, wo er bleibt. Und wenn eine Trockenperiode die Ernte im Wald verschrumpeln lässt, dann geht er seiner Nase nach – in die nächstgelegene Stadt. Eine von Serenas Drillingen, Fauna (mit dem honigfarbenen Fell), landete so einmal bei einem Einkaufszentrum und hatte bald ihre Schnauze in einem Müllcontainer von McDonald's. Den honiggelben Hintern unter dem senfgelben M in die Höhe gereckt, fand sie einen Hamburger mit Softeissoße und ein paar Pommes – nicht ihre übliche ballaststoffreiche Nahrung, aber lecker. Fauna war bei ihrer Schatzsuche nur zu gerne bereit, die menschlichen Einkäufer und Kinogänger zu ignorieren. Aber sie war zu einem herumstreunenden 170-Pfünder herangewachsen, und die Nonchalance beruhte nicht auf Gegenseitigkeit. Bald näherte sich ein glänzendes Auto mit einem blinkenden Licht auf dem Dach. Gerade noch rechtzeitig erinnerte sich Fauna an die Warnungen ihrer Mutter und raste über den Parkplatz in das dahinter gelegene Waldstück. Der heiße Asphalt verbrannte ihr die Tatzen.

Manche Fehler sollte man nicht zu oft machen.

Verkriechen Sie sich nicht

Dipity hatte einige Menschen ausspioniert, die sich regelmäßig trafen, um im Rathaus Donuts zu essen – und die die Krümel danach einfach aus dem Fenster kippten. Sie hatte auch herausgefunden, dass sie die Vorratslage überprüfen konnte, indem sie ihren Kopf auf das Fensterbrett legte und in den Saal lugte.

Was sie nicht wusste, war, dass ihr Wohnraum auf dem Spiel stand: Ein Unternehmer war gerade dabei (mit dem unschlagbaren Argument «Denken Sie an die Steuereinkommen»), eine Bauerlaubnis für ein Einkaufszentrum zu beantragen.

Plötzlich, als hätte Dipity es so gewollt, sah eine Frau in einem geblümten Kleid zum Fenster hinüber. Als sie den wuscheligen Kopf des Bärenjungen sah, lachte sie, deutete zu ihr hinüber, schüttelte den Kopf – und änderte ihre Meinung. Der Antrag des Unternehmers wurde mit fünf zu vier Stimmen abgelehnt. (Die Frau erklärte dem Lokalblatt später, sie habe eigentlich für das Einkaufszentrum stimmen wollen, hätte es sich jedoch anders überlegt, als sie das Bärenjunge sah, das nach Futter suchte.)

Manchmal ist auftauchen besser als abtauchen. (Hilflosigkeit kann Stress nämlich vervielfachen.)

Schaffen Sie sich ein Zuhause

Sogar ein umherstreunender Bär wie Dunbar trägt eine Vorstellung von Zuhause in sich. Er wurde unter den Wurzeln eines umgestürzten Baumes geboren und wird, von Heimweh getrieben, auch immer wieder zu «seinen Wurzeln» zurückkehren.

Serena fühlt sich, wie die meisten Bärenmütter, dort zu Hause, wo es genug Nahrung für Allesfresser gibt. Sie ist zu Hause, wenn sie ihren massigen Körper für ein Nickerchen über einen Ast drapieren kann, ohne dass der unter ihr wegbricht. Zu Hause ist da, wo sich genügend Fluchtbäume finden, auf die sie im Falle eines Falles ihre Jungen jagen kann. Und da, wo genügend Seen und Flüsse für die Körperpflege und entspannende Bäder zur Verfügung stehen.

Serena ist dort zu Hause, wo sie sich auskennt. Sie hat schon genügend Stress am Hals, da muss sie nicht noch die Vor- und Nachteile einer völlig neuen Umgebung kennenlernen. (Lieber gibt sie ihren Jungen, wenn sie erwachsen werden, einen Teil ihres Reviers ab.)

Man sollte seine Wurzeln nicht vergessen – sie halten einen aufrecht.

Bleiben Sie mit Ihren Freunden in Verbindung

Bären rotten sich zwar nicht in großen Kolonien zusammen wie Ameisen oder Paviane, aber man hat sie schon hinter Restaurants beim zwischenbärigen Kontakt über Müllcontainern beobachtet. Die Braunbären in Alaska halten sogar regelmäßig Angelwettbewerbe ab, wenn die Lachse durch ihr Gebiet schwimmen.

Serena und ihre Artgenossen verbringen eine Menge Zeit allein, aber sie wissen auch sehr gut, wie man über Berührungen, Gerüche und Geräusche deutlich macht, wie einem zumute ist. Und sie würden ihr eigenes Internet nur ungern entbehren: Die Bärenbäume, die durch Beißen, Reiben und heftiges Herumtanzen «beschrieben» werden, sind Nachrichtenstationen, an denen hinterlassen wird, wie die Grenzen verlaufen, wer gerade auf der Durchreise ist, und manchmal sogar, wo sich ein besonders guter Beerenstrauch befindet. Und auch wenn sie manchmal die Zähne zeigen, aus Liebe zu einem anderen oder zu ihrem Revier, sind sie sich immer bewusst, dass sie in gewisser Weise zusammengehören.

Auch Einzelgänger brauchen manchmal Verstärkung.

Suchen Sie sich Orientierungspunkte

Als kleine Bärenjunge hatten Dubu und Dipity im Schatten ihrer Mutter einen sicheren Spielplatz und waren froh, dass sie sich immer an jemand Großen wenden konnten. Sie machten sogar einen ziemlichen Aufstand, wenn sie nur im Geringsten das Gefühl hatten, sie könnte sich von ihnen entfernen und nicht mehr wiederkommen.
Serena wiederum hatte zwar auf viele Fragen eine Antwort und im Laufe ihres langen Lebens eine Menge gelernt, aber sie berief sich noch immer auf manche Lehren ihrer Mutter oder suchte Rat bei ihrem Mentor, dem alten, weisen Savoir Bär.
Savoir, der eigentlich schon alles erlebt hatte, hatte über die Baumwipfel hinausgeblickt und eine andere Quelle des Trostes und der Inspiration gefunden – den Großen Bären am Nachthimmel. Jahrhunderte, nachdem die ersten Menschen ihn entdeckt haben, zieht Ursus Major, der Große Bär, immer noch seine Bahn um den Polarstern und dient so Bären (und Menschen) zur Orientierung – eine funkelnde Erinnerung an das, was Bestand hat und Ruhe ausstrahlt.

Institut für Stresstherapie

Zertifikat

Hiermit wird bestätigt, dass

....

Name

die in dem Buch beschriebenen Anwendungen der Stresstherapie erfolgreich erlernt hat und sich verpflichtet, sowohl vorbeugende als auch therapeutische Maßnahmen zur Bekämpfung der sie/ihn belastenden Situationen zu ergreifen.

Bewahren Sie Abstand
und Haltung –
es kann nie schaden.

Die aus Minneapolis stammende Autorin **Jane Noland** begann ihre Karriere als Redakteurin bei einer Zeitung und war zwanzig Jahre lang Cheflektorin bei einem Verlag für Ratgeberliteratur. Neben ihren Bärenbüchern ist sie Mitautorin eines klassischen Meditationsbuchs **A Day at a Time**. Außerdem verfasste sie **What's so Funny About Getting Old?**, gemeinsam mit dem Cartoonisten Ed Fischer, **Laugh it Off**, ein Buch über die wichtige Rolle des Humors beim Abnehmen und eine Geschichte über einen Ort am Ufer des Lake Superior, wo ihre eigene Familie ein Sommerhaus besitzt. Die Geschichten in dem vorliegenden Band basieren auf wahren Verhaltensweisen von Schwarzbären. Bären, meint Jane Noland, sind nicht nur achtbar, witzig und gelegentlich furchterregend, sie sind auch großartige Lehrer.

Ihre Tochter, die Autorin, Illustratorin, Fotografin, Musikerin und Texterin **Mimi Noland** besitzt ein Gestüt im Westen von Minneapolis. Sie hat ein einmaliges – oft unheimliches – Gespür für Tiere und hat einige adoptiert: Vögel, Kühe, Hasen, Ziegen, Schildkröten, Hunde, Katzen und natürlich Pferde, die bei ihr ein glückliches Zuhause fanden. Mimi Noland ist die Erfinderin der berühmten Bären, die man schon in **Der kleine Knuddeltherapeut** von Kathleen Keating bewundern konnte. Sie hat ebenfalls **The Love Therapy Book** von Kathleen Keatin (mit Drachen) und **An Elephant in the Living-Room** von Jill Hastings und Mario Typpo (mit Elefanten) illustriert. Sie studierte Psychologie mit Auszeichnung, später absolvierte sie die Polizeischule. Sie und ihr Pferd Champion Pinto stellten die erste berittene Polizei ihrer Gemeinde.